Julie
et le bateau
fantôme

Adam Roy

HACHETTE
Français langue étrangère
www.hachettefle.fr

Dans la même collection :
Rémi et le mystère de Saint-Péray d'Annie Coutelle, niveau A1
La Nuit Blanche de Zoé de Mirela Vardi, niveau A1
Julie est amoureuse de Michel Guilloux, niveau A1
Thomas et la main jaune d'Éric Vattier, niveau A2
Maxime et le canard de Patrick Dannais, niveau B1
Emma et la perle blanche de Danièle Hommel, niveau B1

Couverture : Anne-Danielle Naname
Conception de la maquette intérieure : Isabelle Abiven
Mise en page : Anne-Danielle Naname
Secrétariat d'édition et rédaction des activités : Cécile Schwartz
Illustrations : Matthieu Forichon

ISBN : 978-2-01-155607-3
© Hachette Livre 2008, 43, quai de Grenelle, 75905 Paris Cedex 15.

Sommaire

Chapitre 1 La fin d'un beau voyage

Journal de Julie

20 juin

Sale journée ! Je n'aime pas les adieux. Même si ce n'est qu'un au revoir, même si nous nous retrouvons tous bientôt.

J'avais le cœur serré en embrassant Emma, Étienne et Marc. C'était ce matin, à l'aéroport. Juste le temps de se

faire un signe de la main et l'avion s'est envolé. Sans eux, Montréal paraissait vide !

Tout à l'heure, L'Océane a largué les amarres[1]. Le commandant nous a appelés tous les trois sur le pont[2], nous avons regardé le Québec s'éloigner. Ce pays est génial, j'adore les gens et j'adore leur accent ! Je me suis promis qu'un jour, plus tard, je reviendrai y vivre… C'est là que Lucas m'a pris la main, très discrètement, personne ne s'en est aperçu et je me suis sentie si heureuse !

Comment peut-on être à la fois triste et heureux ?

En tout cas, j'ai bien fait de rester à bord avec Lucas. Je vais prendre des photos pendant le retour. Maxime nous accompagne. Si tout va bien, nous arriverons dans une dizaine de jours à Cherbourg. Nos parents et nos amis nous attendent. Ça va faire drôle de les revoir après un an d'absence ! Je suis si impatiente[3]… et nostalgique[4] aussi de voir finir ce grand voyage. C'était super de découvrir d'autres pays et d'autres gens ! Mais voilà, c'est déjà fini et moi, je vais retrouver le lycée, les copines et les profs, mais rien ne sera plus comme avant, je le sens !

Par le hublot[5] de la cabine, je vois la mer si calme, la terre a disparu. Des mouettes[6] ont accompagné L'Océane. Et puis, elles sont parties. Nous sommes à présent en pleine mer et nous faisons voile vers la France. Adieu, la belle aventure !

---

1. Larguer les amarres : partir (détacher les cordes qui retiennent le bateau).
2. Le pont : la partie extérieure du bateau qui ferme la coque.
3. Impatient : qui attend et a hâte de faire quelque chose.
4. Nostalgique : qui repense au passé et se sent triste.
5. Un hublot : la petite fenêtre d'un bateau.
6. Une mouette : un oiseau de bord de mer blanc.

Chapitre 2 Un étrange brouillard

Journal de Julie

25 juin

Nous avons eu cinq jours de grand soleil, un temps superbe !
J'en ai profité pour bronzer, le baladeur[1] sur les oreilles. J'ai

---

1. Un baladeur : un petit appareil pour écouter de la musique
   avec des écouteurs.

passé la journée à écouter de la musique. Hier soir, nous avons croisé une quinzaine de dauphins, ils tournaient autour du bateau et sautaient dans les airs en criant. C'était magnifique ! Mes photos vont être réussies, je crois.

Mais ce matin, le temps a changé. Des nuages noirs ont voilé[2] le ciel et un épais brouillard a couvert la mer. Au moment où j'écris, nous ne voyons plus rien. C'est comme si *L'Océane* était entourée de coton. Au petit déjeuner, le commandant avait l'air inquiet : la météo n'a pas prévu ce changement de temps. Il dit que c'est peut-être une tempête qui se prépare. Je n'ai encore jamais vécu de tempête à bord de *L'Océane*. Ça doit être terrifiant !

Le commandant nous a dit de ne pas paniquer, il faut attendre que le brouillard se lève. Nous ne savons même pas précisément où nous sommes, les instruments de bord[3] sont déréglés.

René, un marin du bord, m'a dit que nous nous trouvons probablement au sud-ouest de la Bretagne[4], au large de l'île d'Avalon. J'ai d'abord cru qu'il se moquait de moi car c'est une île imaginaire, elle appartient à la légende du roi Arthur et des chevaliers de la Table Ronde, je l'ai lu dans un livre de classe.

Pourtant, René avait l'air très sérieux :

" Je te jure, Julie, que cette île existe. On ne peut la voir qu'une fois par an, à la fin du mois de juin, à la date de la mort de Mérédith la sorcière... " Et il m'a raconté une histoire bien étrange...

---

2. Voiler : cacher.

3. Les instruments de bord : les outils pour diriger le bateau.

4. La Bretagne : une région de France située à l'Ouest.

26 juin

Le brouillard est de plus en plus épais. Une vraie purée. L'Océane est immobilisée[5], car le commandant ne veut pas risquer de heurter[6] les récifs[7]. Nous ne savons plus quoi faire. Lucas et Maxime jouent aux cartes, moi j'ai le temps d'écrire l'histoire que René m'a racontée hier. Elle commence dans les années trente. En ce temps-là vivait sur l'île une jeune fille belle et sage qui s'appelait Mérédith. Elle avait un amoureux nommé Yannick, un jeune marin qui semblait l'aimer beaucoup. Mais, quelques jours avant son mariage, Yannick a abandonné sa fiancée pour s'en aller

---

5. Immobilisé : être empêché de bouger.

6. Heurter : rencontrer brutalement.

7. Les récifs : les rochers au bord de l'eau.

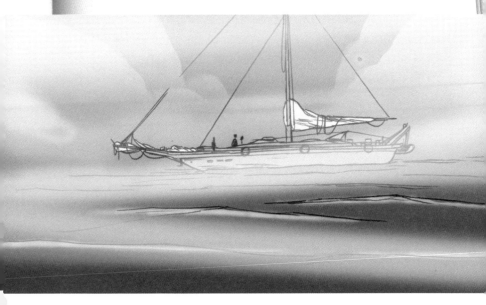

avec une autre sur un paquebot[8]... Le cœur de Mérédith s'est brisé. Je la comprends, la pauvre ! La jeune fille s'est jetée dans la mer et plus personne ne l'a jamais revue. On raconte qu'elle est devenue une sorcière qui hante[9] l'île d'Avalon. On raconte aussi qu'elle apparaît tous les ans à la même date et qu'elle déclenche de terribles tempêtes pour se venger d'avoir été abandonnée... Drôle d'histoire, non ?

Et Yannick ? Eh bien, le paquebot sur lequel il s'était embarqué[10] s'est perdu. René affirme qu'il est devenu un bateau fantôme qui, lui aussi, hante la mer... " Malheur à celui qui croisera Mérédith sur sa route et malheur à celui qui verra le bateau fantôme " m'a affirmé René.

Bien sûr, c'est une légende, mais, rien que de l'écrire, ça me fait froid dans le dos !

À ce moment précis, une énorme vague fait tanguer[11] *L'Océane*, puis une autre et encore une. Bientôt, *L'Océane* est bousculée de tous côtés et Julie ne peut plus écrire.

Julie pose son stylo et se met à rêver. Une sorcière... la sorcière de la mer... On peut la voir, dit-on, les nuits de juin, elle peigne ses merveilleux cheveux noirs pour attirer les marins perdus vers les récifs d'Avalon... « Que cette histoire est

---

8. Un paquebot : un grand navire de transport des passagers.

9. Hanter : apparaître quelque part en parlant de fantômes.

10. Embarquer : monter à bord d'un bateau.

11. Tanguer : être secoué d'un mouvement avant arrière.

romantique ! se dit Julie. Romantique et terrible. Je n'aimerais vraiment pas rencontrer Mérédith ! »

Les vagues sont de plus en plus fortes. Un peu inquiète, Julie sort de sa cabine et retrouve Maxime.

– Tu sais ce qui se passe ?

– Non… Allons à la cabine du commandant. Je crois que Lucas y est déjà.

Tous deux montent sur le pont. La nuit est tombée, le brouillard est toujours aussi épais et le bateau est à présent entièrement secoué par les vagues.

– Une tempête se prépare ! dit Maxime, j'espère que *L'Océane* va tenir le coup[12].

– Ne t'en fais pas, répond Julie, ce bateau en a vu d'autres ! Dépêchons-nous, j'ai froid !

À ce moment-là, une alarme retentit[13], ils se mettent à courir vers la cabine. Lucas les attend devant la porte. Il les fait entrer et les tire par le bras jusqu'au tableau de bord[14] :

– Regardez ça !

Sur l'écran du radar, une énorme chose se dirige droit sur eux.

– Qu'est-ce que c'est ? demande Maxime.

– Je ne sais pas... répond le commandant.

Julie remarque que le commandant est devenu très pâle. Elle entend René murmurer :

– C'est le bateau fantôme !

Dans la cabine, c'est le silence. Tout le monde est tendu. La chose fonce droit sur *L'Océane*. La chose arrive, elle sera bientôt là !

– Barre à tribord[15] ! hurle le commandant. Accrochez-vous !

---

12. Tenir le coup : résister.
13. Retentir : se faire entendre de façon puissante.
14. Le tableau de bord : le panneau où sont regroupés des appareils de mesure.
15. Tribord : côté droit d'un bateau lorsque l'on regarde vers l'avant.

L'Océane vire de bord[16], chacun retient son souffle lorsque, bientôt, une énorme silhouette[17] sort du brouillard et les frôle[18].

– Un bateau ! crie Maxime.

– C'est plutôt un paquebot[19], précise Lucas.

– C'est énorme ! souffle Julie.

– Pas de problème, les jeunes ? demande le commandant.

– Non, tout va bien !

---

16. Virer de bord : faire demi-tour.

17. Une silhouette : une forme vague de quelque chose.

18. Frôler : passer très près.

Chapitre 3 Un bateau fantôme ?

Julie frissonne. Le paquebot ressemble au *Titanic*, ou plutôt à un *Titanic* fantôme, sans lumières, qui avance sans bruit. Il passe si près de *L'Océane* qu'ils peuvent voir le nom du paquebot sur la proue[1] : *L'Avalon* !

L'Océane longe la coque, abîmée par le sel, rouillée[2] par les années. Le commandant se précipite vers la radio pour tenter de communiquer :

– Mayday Mayday Mayday, ici *L'Océane* sur 121,5, à tout bateau dans mon secteur, ma position est 6 miles au Nord-Est de EBLG, 5 000 pieds, 90 nœuds…

Aucune réponse.

– … *L'Avalon*, répondez…

Dans la cabine, tout le monde attend en silence.

---

1. La proue : l'avant d'un bateau.

2. Rouillé : attaqué, rongé par l'humidité.

– … *L'Océane* appelle *L'Avalon*, répondez…

Le commandant attend lui aussi. Il répète son message et attend encore. Sur *L'Avalon*, c'est le silence. Un silence de mort.

– Je ne comprends rien, ils devraient répondre !

Et, tout à coup, les lumières du paquebot s'allument toutes ensemble. Rien ne bouge et on ne voit personne, mais on entend de la musique, des voix et des rires.

– C'est bizarre, non ? demande Lucas.

Personne ne lui répond.

Maxime fait un pas en arrière et s'écrie :

– Qu'est-ce que c'est que ça ?

Il est pâle, il a peur. À bord de *L'Océane*, tout le monde a peur.

Tout à coup, une échelle de corde se déroule le long de *L'Avalon*, sans qu'on puisse voir qui l'a jetée. Comme si quelqu'un les invitait à monter.

À bord, l'inquiétude tombe et le commandant sourit :

– Leur radio doit être en panne ! On va aller voir, mais pas question d'y aller tous et de laisser *L'Océane* ! René, tu monteras, toi, à bord de *L'Avalon*. Tu reviendras nous dire ce qu'il s'y passe.

– À vos ordres, commandant ! Mais... je préférerais ne pas y aller seul !

– Pouvons-nous l'accompagner ? demandent en même temps Lucas et Julie.

– Si vous voulez ! Mais soyez prudents, avec cette tempête !

– Nous ferons très attention ! promet Julie.

Journal de Julie

Nous avons monté à l'échelle de corde, René le premier, puis Lucas. Moi, je tremblais, je grelottais[3]. Secouée par le vent, par les vagues, j'étais déjà trempée[4] avant même d'arriver sur le pont. L'échelle de corde bougeait dans tous les sens. Quand j'ai fini par y arriver, je n'ai rien vu du tout, que les lumières du paquebot, le brouillard et la nuit.

Il n'y avait personne. Personne sur le pont, ni autour de la piscine, personne dans les couloirs. Nous avons exploré[5] le bateau jusqu'à la salle de bal. Elle aussi était vide mais on pouvait entendre

---

3. Grelotter : trembler de froid.
4. Trempé : mouillé.
5. Explorer : visiter un lieu inconnu.

de la musique et des voix, comme si une foule de gens étaient présents, buvaient et riaient. C'était effrayant[6], ce paquebot vide et plein de bruits.

René nous a suggéré de retourner sur L'Océane. Je n'en suis pas bien sûre, mais je crois qu'il tremblait, il avait peur, comme nous. Nous devions repartir au plus vite retrouver L'Océane et la sécurité.

Mais lorsque nous avons voulu redescendre sur L'Océane, l'échelle de corde n'était plus là et notre bateau avait disparu !

Nous étions prisonniers !

---

6. Effrayant : qui fait peur.

Chapitre 4 Prisonniers de la mer !

– Et maintenant, qu'est-ce qu'on fait ? demande Lucas.

– On va jusqu'à la cabine de pilotage, propose René, lancer un SOS à la radio. Quelqu'un

l'entendra et nous serons bientôt secourus[1]... Si tout cela n'est pas de la sorcellerie[2] !

– De la sorcellerie ? demande Julie.

– Nous sommes justement le 26 juin, la nuit où Mérédith est morte, il y a quatre-vingts ans... et le paquebot se nomme *L'Avalon*, comme celui qui disparut cette nuit-là !

– Tu n'y penses pas ! Les histoires de sorcières, c'est de la superstition[3] ! répond Julie. Il y a sûrement une explication à tout cela. Je vais prendre quelques photos du paquebot pendant que vous cherchez du secours.

Journal de Julie

Nous nous sommes séparés. Lucas et René ont disparu dans le brouillard et je suis restée sur le pont pour photographier le paquebot désert. Pour moi, c'était clair : l'équipage et les passagers l'avaient abandonné. Ils craignaient[4] sans doute les

1. Secourir : venir à l'aide.
2. La sorcellerie : des pratiques de sorciers, un phénomène mystérieux.
3. La superstition : croyance à des forces mystérieuses.
4. Craindre : avoir peur.

récifs et ils étaient partis dans les canots de sauvetage[5]. Pour les voix et la musique, c'était sans doute une radio allumée, oubliée quelque part. Pas de quoi paniquer.

J'ai quand même voulu vérifier, je suis allée sur le pont arrière. J'avais raison : il n'y avait plus qu'un seul canot, les autres n'étaient plus là. Je me suis approchée, pour le regarder de plus près. Le canot était vieux mais il pouvait encore nous servir.

Au moment précis où je prenais une photo... une tête est sortie du canot !

---

5. Un canot de sauvetage : un petit bateau de secours.

Julie fait un bond en arrière. L'homme qui sort à présent du canot de sauvetage est un grand blond au sourire sympathique qui se frotte les yeux. Il se retourne et aperçoit Julie, son appareil photo à la main.

– Qui êtes-vous ? Je ne vous ai encore jamais vue. Je m'appelle Yannick et vous ?

– Ju… Julie.

Yannick lui tend la main, Julie la serre, elle est glacée. Julie, étonnée, lui demande :

– Et que faites-vous ici, Yannick ?

– Je me suis couché dans le canot pour faire la sieste tranquillement. Ah Ah ! J'ai dû dormir plus longtemps que d'habitude, car il fait nuit noire. Avec cette tempête, Lisa va s'inquiéter, je dois la retrouver.

Il tourne le dos à Julie et se dirige vers les cabines.

Chapitre 5

Yannick

Julie crie :

– Mais il n'y a personne, sur ce paquebot, personne !

L'homme se retourne et la regarde :

– Que me dites-vous là ? Cet après-midi, il y avait plein de monde !

– Qui est Lisa ?

– C'est ma fiancée… Elle doit être à bord !

– Il n'y a pas un être humain à bord, à part nous deux, mon ami Lucas et un marin, René. Ils sont partis lancer un SOS.

– Je n'y comprends plus rien !

– Allons jusqu'à la cabine de pilotage rejoindre les deux autres, propose Julie.

– Je vous suis, mademoiselle, je vous suis ! répond Yannick.

Journal de Julie

J'ai pris avec moi ce type bizarre qui souriait toujours. Quand Lucas et René ont vu Yannick, ils ont fait une drôle de tête. Il ressemblait à une gravure de mode[1] des années trente. Mais il était sale, très sale, les vêtements en lambeaux[2], comme s'il avait dormi dans le canot des dizaines d'années avant de se réveiller. Lui aussi nous a regardés, il regardait nos jeans, nos tee-shirts et nos pulls comme s'il n'en avait jamais vu.

– Au fait, quel jour sommes-nous exactement ? demande Yannick.

– Le 26 juin, répond Lucas.

---

1. Une gravure de mode : un dessin dans une revue.

2. Un lambeau : un morceau de vêtement déchiré.

– Ah !

– Le 26 juin… 2007, précise-t-il.

– Vous vous moquez de moi ! Cela n'est pas gentil, mon garçon.

– Pourquoi ? demande Lucas.

– Parce que nous sommes en 1931, vous le savez bien.

Tous regardent Yannick d'un air bizarre. Soit il a perdu la tête, soit il se passe une chose bien étrange…

– Il n'y a qu'à regarder le journal de bord de *L'Avalon* ! dit Lucas.

Les trois compagnons prennent le gros livre relié de cuir. La dernière inscription date du 26 juin 1931. « *L'Avalon* s'est perdu dans le brouillard. Les instruments ne fonctionnent plus, la radio est en panne. Nous attendons. »

– Vous y comprenez quelque chose ? demande Lucas.

Personne ne répond. Un long silence suit. Un très long silence.

– J'ai des journaux dans notre cabine, propose enfin Yannick, vous n'avez qu'à me suivre, vous pourrez vérifier que nous sommes en 1931, l'année y est inscrite !

Lucas et Julie suivent Yannick sur le pont jusqu'aux cabines de luxe. Il s'arrête devant le numéro 13. Ils entrent. La lumière est allumée, les draps défaits comme si quelqu'un vient de quitter le lit. Mais tout est recouvert d'une épaisse couche de poussière. Sur une table, devant le hublot, un journal est resté ouvert. Yannick le prend et le montre aux deux autres :

– Regardez, nous sommes bien en 1931, c'est écrit en toutes lettres !

– Mais où est votre fiancée ? demande Julie.

– Lisa ! Où est-elle, ma Lisa ? A-t-elle suivi elle aussi le sort de Mérédith ?... Mérédith et moi devions nous marier. Quelques jours avant le mariage, Mérédith a brusquement disparu, je suis parti à sa recherche. Quand j'ai levé les yeux vers le ciel, j'ai vu ma fiancée, en longue chemise de nuit blanche, pieds nus, emportée par le vent en direction de l'île d'Avalon. Mérédith était une sorcière ! Je ne l'ai plus jamais revue, et, peu de temps après, j'ai embarqué sur *L'Avalon* avec Lisa. Lisa devait devenir ma femme. Je ne comprends pas, je ne comprends rien, j'ai l'impression de devenir fou. Aidez-moi, je vous en supplie !

– Pas de panique, répond Lucas. Il y a sûrement une explication à tout cela.

Ils repartent tous trois à la cabine de pilotage. René n'a pas pu lancer un SOS, les instruments sont trop vieux, rongés par le sel et les années. Lorsqu'ils arrivent, René se prépare justement à venir les chercher pour retourner sur *L'Océane*.

– Vous tombez bien ! dit-il en les voyant. Je sens un danger, un grand danger. Il ne faut pas rester ici, filons !

Lucas l'arrête en lui prenant le bras.

– Attends René, on a quelque chose à te dire...

Il le force à s'asseoir dans le fauteuil du commandant, le temps de lui raconter son histoire.

En l'écoutant, René pâlit, mais il n'a pas vraiment l'air surpris. Il finit par dire :

– Je m'en doutais[3]. Nous sommes sur un bateau fantôme ! Il voyage sur la mer, mais aussi dans le temps !

– Ne me dis pas que tu y crois ! répond Julie.

René reprend :

– La légende dit que Mérédith reviendra chercher son fiancé, où qu'il soit et même en enfer.

---

3. S'en douter : penser que c'est probable.

– En tout cas, elle ne viendra sûrement pas le chercher à bord de *L'Océane* ! répond Julie. Yannick n'a qu'à retourner à bord avec nous, nous dirons que c'est un naufragé[4] que nous avons recueilli.

– Bonne idée ! s'exclame René. Qu'en pensez-vous, Yannick ? Vous savez naviguer, vous pourrez nous aider à manœuvrer[5] dans cette tempête et…

---

4. Un naufragé : une personne qui a perdu son bateau en mer.

5. Manœuvrer : diriger le bateau.

Chapitre 6

L'apparition

À ce moment précis, un terrible éclair zèbre le ciel, suivi d'un coup de tonnerre assourdissant.

– Ne perdons pas de temps, intervient René. Nous devons quitter *L'Avalon* !

– Prenons le canot de sauvetage, propose Lucas. Nous ne sommes pas loin de la côte et, si nous évitons les récifs, nous arriverons bien quelque part !

– Allons-y, conclut René.

Journal de Julie

27 juin

Nous avons couru sur le pont où le canot nous attendait, Lucas et René l'ont mis à la mer. Il recommençait à pleuvoir et nous étions à nouveau trempés. Quelle galère ! Nous avons embarqué au plus vite et bientôt, le canot s'est perdu dans le brouillard. Tout autour, le silence, rien que le silence et le fracas¹ des vagues.

---

1. Le fracas : un bruit très violent.

Nous ne savions pas où aller, la boussole était détraquée[2]. Je me demandais si je reverrais un jour ma famille. Et puis, nous avons vu quelque chose au loin, peut-être un bateau, ou un phare[3], et nous avons ramé vers la lumière...

Mais ce n'était pas un bateau, ni un phare. Non, c'était la silhouette d'une femme aux cheveux noirs, en longue chemise blanche, qui flottait sur la mer.

Nous étions morts de peur. L'apparition a tendu les bras, et dans le vent, dans la tempête, j'ai cru entendre une voix étrange et douce, une voix de sirène appeler... " Yannick... ô Yannick, mon aimé ! "

---

2. Détraqué : déréglé.

3. Un phare : une tour située le long des côtes qui éclaire et guide les bateaux.

Et Yannick a crié : " Je ne t'aime plus, Mérédith ! Je ne veux plus de toi ! Laisse-moi tranquille ! "

L'apparition a secoué ses longs cheveux, elle a poussé un cri, un cri terrible, un cri à nous glacer le sang. Puis, elle a disparu, emportant avec elle le brouillard et les terribles vagues. Nous avons regardé autour de nous : Yannick avait disparu lui aussi. Nous avons hurlé : Yannick ! Yannick ! Mais nos cris se perdaient dans la tempête. Plus trace de notre compagnon, ni sur le canot, ni au milieu des vagues !

Et, brusquement, tout s'est calmé, plus de tempête ni de vagues. Il n'y avait plus que la nuit, le vent dans nos cheveux et les étoiles au-dessus de nos têtes.

Chapitre 7 Un mirage ?

Blog de *L'Océane*

Après une terrible tempête où nous avons bien cru perdre Julie, Lucas, et René, l'équipage est de nouveau au complet. Ne vous faites pas de souci, tout est en ordre. Nos trois compagnons ont été retrouvés par des pêcheurs au large de l'île aux Moines. Ils les ont ramenés sains et saufs sur *L'Océane*. Nous poursuivons à présent notre route. Nous serons en vue des côtes françaises dans deux jours et nous sommes impatients de vous revoir ! À très bientôt !

Journal de Julie

Dans deux jours, je retrouve ma famille et je suis si contente !
Lucas, Maxime et moi avons décidé de ne pas raconter cette
histoire, on nous prendrait pour des fous ! Mais je l'ai bien vécue,
ce n'est pas un mirage¹. J'ai mes photos ! L'Avalon vide, englouti
dans le brouillard, la tête de Yannick qui sort du canot. Il y avait
aussi une dernière photo, celle que j'ai prise à bord du canot, la
photo d'une femme aux longs cheveux noirs entourée de lumières,
mais elle a disparu de la mémoire de mon appareil. Disparue...
Où est-elle ? Pourtant, elle était bien là, je l'ai montrée à Lucas
qui m'a dit, pour me taquiner² :

— Elle te ressemble un peu !

— Sûrement pas ! Je ne suis pas une sorcière, moi, je ne m'appelle
pas Mérédith !

Nous avons éclaté de rire, mais Lucas est devenu grave
et m'a pris la main :

— Mais surtout, Julie, toi, tu es une fille formidable !

J'ai rougi, sans oser répondre.

---

1. Un mirage : une illusion, une apparence trompeuse qui n'est
   pas réelle.
2. Taquiner : s'amuser à agacer quelqu'un par des petites
   moqueries.

I   **As-tu bien compris ? Coche la bonne réponse.**

1. Julie, Lucas, Maxime, Emma, et Étienne ont voyagé :
a. un an sur *L'Océane*.   ◯
b. dix jours au Canada.   ◯
c. une semaine en France.   ◯

2. Julie, Lucas et Maxime partent de :
a. Montréal.   ◯
b. Québec.   ◯
c. Cherbourg.   ◯

3. Emma et Étienne :
a. attendent leur famille à l'aéroport.   ◯
b. veulent vivre au Canada.   ◯
c. rentrent en France en avion.   ◯

4. Julie écrit :
a. une lettre à ses parents.   ◯
b. son journal intime.   ◯
c. le blog de *L'Océane*.   ◯

2   **Retrouve l'expression de Julie pour dire qu'elle est triste.**

1. J'avais mal au cœur.
2. J'étais de tout cœur avec eux.
3. J'avais le cœur serré.
4. Ça me tenait à cœur.
5. J'avais le cœur gros.

Chapitre 2

3 **Qui est qui ? Associe.**

1. René
2. Mérédith
3. Yannick
4. Arthur

a. un roi
b. un marin de *L'Océane*
c. une sorcière des mers
d. un jeune fiancé

4 **Mets l'histoire dans l'ordre.**

1. Le lendemain, un brouillard épais immobilise *L'Océane* : les instruments de bord sont déréglés.

2. Des vagues font tanguer le bateau : une tempête se prépare.

3. Il fait très beau : *L'Océane* croise des dauphins et Julie fait des photos.

4. L'Océane vire de bord et évite de justesse un bateau fantôme.

5. Sur l'écran du radar, ils découvrent qu'une énorme chose se dirige vers eux.

6. Le 25 juin au matin, le commandant est inquiet car des nuages voilent le ciel.

7. Alors que la nuit est tombée, une alarme retentit : Julie, et Maxime quittent le pont et courent vers la cabine du commandant.

5 Quel temps fait-il ? Retrouve sept mots dans la grille.
Deux de ces mots sont employés pour décrire le brouillard. Lesquels ? Retrouve les phrases correspondantes dans le récit.

V	L	A	C	O	T	O	N	P	E
U	Y	S	H	F	I	G	U	U	X
B	R	O	U	I	L	L	A	R	D
J	A	L	Z	I	M	O	G	E	T
D	T	E	M	P	E	T	E	E	C
A	R	I	O	J	B	I	S	N	A
U	I	L	H	V	A	G	U	E	S

Chapitre 3

6 Vrai ou faux ? Justifie tes réponses à l'aide du texte.

1. *Le Titanic* frôle *L'Océane*.
2. Le commandant envoie un message radio à *L'Avalon*.
3. Maxime installe une échelle de corde.
4. Le commandant pense que la radio de *L'Avalon* est en panne.
5. René monte seul à bord de *L'Avalon*.
6. Ils entendent de la musique, des voix et des rires sur *L'Avalon*.
7. René, Julie et Lucas attendent la fin de la tempête pour remonter sur *L'Océane*.

7 Associe les parties du bateau aux définitions.

a. L'avant du bateau.
b. L'arrière du bateau.
c. L'enveloppe externe du bateau.
d. L'endroit où le commandant pilote le bateau.
e. Une petite fenêtre.
f. Il porte les voiles.

M 2303

8 Classe ces types de bateaux du plus petit au plus grand.

paquebot – canot – navire – voilier

Chapitre 4

9 Mets l'histoire dans l'ordre.

1. Julie trouve un canot de sauvetage.
2. René et Lucas vont dans la cabine de pilotage pour lancer un SOS.
3. Julie fait des photos du paquebot.
4. Yannick se réveille.
5. Julie va sur le pont arrière.

Réalité ou sorcellerie ?
Classe les informations selon l'avis
de Julie.

1. *L'Avalon* est le même bateau que celui qui a disparu
il y a 80 ans.
2. Les voix et la musique viennent de la radio.
3. L'équipage s'est échappé sur les canots de sauvetage.
4. Mérédith est un fantôme qui hante *L'Avalon*.

Chapitre 5

Complète le résumé en mettant les mots
à leur place et les lettres dans l'ordre.

cièresor – naljour – oss – tômefan – vuregra – céfian –
pestm

Prisonniers de *L'Avalon*, Lucas et René décident
de lancer un … . Pendant ce temps-là, Julie fait
la rencontre de Yannick qui ressemble à une …
de mode des années trente et qui dit vivre en 1931.
Intrigués, Julie et Lucas vérifient la date dans le …
de bord.

Yannick leur raconte ensuite comment il a découvert
que Mérédith était une … . En écoutant son histoire,
René comprend qu'ils sont sur un bateau … qui voyage
sur la mer et dans le … car Mérédith est toujours à la
recherche de son … .

12 **Associe les dates et les chiffres aux informations.**
1. les années trente
2. des dizaines d'années
3. le 26 juin 2007
4. le 26 juin 1931
5. le numéro 13
6. 1931

a. C'est le numéro de la cabine de Yannick.
b. C'est la date du jour selon Julie et Lucas.
c. C'est l'année écrite en toutes lettres dans le journal.
d. C'est l'époque de Yannick.
e. C'est le jour où *L'Avalon* a disparu dans le brouillard.
f. C'est le temps qu'a passé Yannick sur son canot.

Chapitre 6

13 **Nos héros doivent quitter *L'Avalon*.**
De quoi ont-ils besoin ? Complète la grille.
1. Un instrument pour s'orienter.
2. Déplacer un bateau dans l'eau.
3. Un éclairage.
4. Un petit bateau de sauvetage.

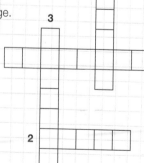

14 **Quels dangers les menacent ? Entoure les mots.**
le tonnerre – le soleil – les récifs – l'éclair – une sirène –
les vagues – le phare – le brouillard – des dauphins

15 **Vrai ou faux ? Justifie tes réponses à l'aide du texte.**
1. La lumière blanche vient d'un phare.
2. Lisa est la femme aux cheveux noirs.
3. Mérédith flotte sur la mer car c'est un fantôme.
4. Elle s'est transformée en sirène pour attirer Yannick.
5. Lorsque Yannick dit qu'il ne l'aime plus, ils disparaissent
tous les deux et le sortilège est brisé.

Chapitre 7

16 **As-tu bien compris ? Coche la bonne réponse.**
1. Des pêcheurs ont retrouvé Julie, Lucas et René :
a. sur l'île aux Moines.
b. au large de l'île aux Moines.
c. sur *L'Océane*.

2. Julie, Lucas et Maxime n'ont pas raconté l'histoire
de *L'Avalon* à leur famille car :
a. c'était un mauvais rêve.
b. ils ont peur que Mérédith se venge.
c. on va les prendre pour des fous.

3. Julie est sûre d'avoir vécu cette histoire car :
a. elle a pris des photos de *L'Avalon* et de Yannick.
b. elle ne croit pas aux mirages.
c. elle a une bonne mémoire.

4 Lucas taquine Julie car :
a. il est nostalgique.
b. il est jaloux.
c. il est amoureux.

17 À ton avis...
Pourquoi la photo de la femme aux cheveux
noirs a-t-elle disparu ?
Trouve une explication et invente une autre
fin.

Corrigés

 1. a – 2. a – 3. c – 4. b

 Expression 3

 1. b – 2. c – 3. d – 4. a

 3 – 6 – 1 – 2 – 7 – 5 – 4

Le brouillard est comparé à du coton et de la purée :
« C'est comme si L'Océane était entourée de coton » ;
« Le brouillard est de plus en plus épais. Une vraie purée. »

 1. Faux : c'est *L'Avalon*.

2. Vrai.

3. Faux : on ne sait pas qui déroule l'échelle.

4. Vrai.

5. Faux : Julie et Lucas l'accompagnent.

6. Vrai.

7. Faux : ils ne peuvent plus repartir car l'échelle
et *L'Océane* ont disparu.

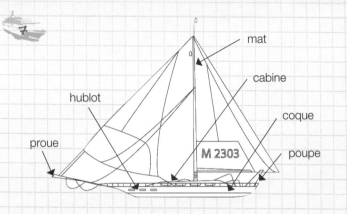

7

- mat
- cabine
- hublot
- coque
- proue
- M 2303
- poupe

8 canot – voilier – navire – paquebot

9 2 – 3 – 5 – 1 – 4

10 Réalité : 2 – 3
Sorcellerie : 1 – 4

11 SOS – gravure – journal – sorcière – fantôme – temps – fiancé

12 1. d – 2. f – 3. b – 4. e – 5. a – 6. c

13 1. boussole – 2. ramer – 3. lumière – 4. canot

14 le tonnerre – les récifs – l'éclair – les vagues – le brouillard

1. Faux : c'est la silhouette d'une femme en chemise blanche.

2. Faux : c'est Mérédith.

3. Vrai

4. Faux : elle a une voix étrange, comme celle d'une sirène.

5. Vrai

 1. b – 2. c – 3. a – 4. c

17 réponse libre

Notes

46